Ludovicus Jenault Artis Scribendi peritus.
Anno 16..

LIVRE D'ÉCRITVRE

Representant naïuement La
BEAVTÉ DE TOVS LES CARACTERES FINANCIERS MAINTEN.T A LA MODE.

Auec vn Traité, contenant les veritables moyens pour apprendre facilement a bien
Escrire, et paruenir en peu a la connoissance, de cet Art.

Escrit et graué par Louis Senault Escriuain iuré.

DEDIE
A MONSEIGNEVR
COLBERT.

A Paris chez P. Drevet Rüe S.t Iacques, a l'Anonciation. Auec Privilege Dv Roy.

Forment et Composent toutes les lettres financieres comme il est monstre cy apres
Alphabet de Lettres majuscules

AU ROY

Sire,

Louis &c., rapport de l'Instance pendante Entre M... Doua
de l'ommonnaux ; Léon et la Communauté d'Vic-
pari, et la Communauté de St Prononcur, de Proly
... Communautau d'autre. Il vous Plaise ou &c.

ommandans de la ... Louval &
de Bonnamanoire — Payez presentement a Mr ...
de ... Commissaire depute par ... Ma...

omme & ommettons ... ouïe
de Bommevouuiaux, Contvolleur a
la recepte general des finances a Jouuiguy po.

la derniere quictance de voz gaiges & Commissions, vous payerez

a M.e Bonnaudeu de Pondionouman pour voz gaiges la

Somme de dix ... ans livres ls.

LE ROY
Commission creation gnal des nouveaux droits
mis sur les Communautez des ... aux

Faictes pourrsuivre Mr Noel de
Longuauaux Controlleur general de nos
finances en Normandie pour la somme

Paiges d'Essay
Leon de la Renommée Commiss
Extraordinaire des guerres po[r] sa appointementa la so[m]
de dix Cens soix liures tournois laquelles somme en
6. l   9. l

a b c d d e f g g g h i l m n o p q r v s s t u x y v z .

[illegible]
[illegible]
[illegible]

Nous Commandons de
payer au Sr Bonnauanture
Amour & a M Lconnan
de Dommartincourt la somme de six

Homme connois que tu te reduire le passe
la meilleure partie de tes Jours dans les desbauches
et divertissemens deshonnestes, veu que tu ne peux
ignorer qu'il te faut mourir dans un petit moment

Pardc. Bonnouurier de La
Vallée Mauuissonnicr & [...] et et Dauuiguay
Nottaiors Royaux a [...] ommaconuille. Est ce
Jourdhuy Compaon [...] Bonnanature de boussy sic N

Recevez Laurent Tonnermont

ur la requeste pntée au Roy en son Conseil par

les ... habitans de la ville ... Communauté ...
... Et par les Communautés Villageoises de Marchenoisville
de l'abonnement ... ... datte du quatre ... ... Mil six Cent ...

abcdefghilmnopqrstuxyz

Tresorier de mon Extraordinaire
Mr Estienne de Monnanmeaux — Payez au sieur
la Renommé dict de S. donnaux la somme de dix
livres tournois, nonobstant que l'Estat n'y soit encore expedié
faict à Paris le vingt sixiesme jour de May 1668.

ous parvenu à Mr. Normandin et la Vauniere Escuier et à
la Courancourville la somme de six Mil six Cens Vingt
Six livres t. pour plusieurs Voyages qu'a fait en Bourbonnois
Nonobstant que l'Estat n'y soit preablement expedie. Faict a paris
v.   v.

onnances &c. Domenovaux Controlleur genal
des Bastimens et Sa Majesté a payé aux S.
X. et S.r ...omaincourt o Communaincourt
Entrepreneurs desd. bastimens la somme &c. sept

Lebede de Montmartault Commiss. Examinateur au chastellet
de Paris a esté commandé par sa Ma.té pour faire les
pouruittes et inquisitions des nommez de commission, et Ra. Rot.
a d Information accusez de faulse monnoye et d'auoir pretendu, etc.